CONFESSION

ihs
יהוה

YOUCAT

CONFESSION

Mgr Klaus Dick

Rudolf Gehrig

Bernhard Meuser

Andreas Süß

Traduit de l'allemand par sœur Anne-Catherine, FMJ

Titre original : *Youcat. Update ! Beichten !*

Sommaire

Les symboles et leur signification

- Citation
- Dans la Bible
- Info
- Renvoi au YOUCAT

EN GUISE D'AVANT-PROPOS

Lorsque j'avais quinze ans, je ne percevais encore pas grand-chose de la puissance libératrice de la confession. Depuis, de l'eau a coulé sous les ponts. Je suis devenu prêtre et je suis heureux de pouvoir montrer aux jeunes la beauté de l'amour et de la miséricorde de Dieu dans le sacrement de réconciliation – et aussi d'y goûter moi-même lorsque je me confesse. J'ai eu la chance d'écouter d'innombrables confessions de jeunes et je suis toujours ému de voir comment Dieu nous libère de la culpabilité, guérit nos blessures et nous offre une vie nouvelle par son pardon.

Avant les Journées mondiales de la jeunesse de 2005, je n'imaginais pas que des jeunes puissent se rassembler pour prier et chanter, et qu'ils en profitent pour se confesser. Mais c'est le désir qu'ont exprimé des jeunes de Bonn, qui voulaient prolonger leur expérience des JMJ et de divers groupes de prière. Aujourd'hui, leur démarche est connue en Allemagne sous le nom de Nightfever. Et cela fonctionne partout. Lors des veillées Nightfever, huit à dix prêtres sont installés dans les bas-côtés de l'église. Ils sont visibles de tous (et en même temps assez isolés pour qu'on ne puisse pas entendre ce qui se dit). Devant eux, une bougie et une pancarte indiquant ce qu'ils ont à offrir : « entretien, bénédiction, sacrement de réconciliation ». Et rapidement se forment de longues files derrière ces pancartes. Pourquoi ? Parce que, dans la confession, nous recevons la puissance libératrice du pardon de Dieu, pour repartir de nouveau avec lui. Et la joie de cette expérience est visible. Un soir, une personne m'a interpellé. Elle avait vu une jeune femme repartir libérée et heureuse après sa confession. Le fardeau qu'elle avait déposé était presque tangible. Cette personne s'est tournée vers moi et m'a dit : « Moi aussi, je veux vivre cela. » Elle ne savait pas trop ce qu'était la confession, mais elle avait vu ce qui s'était passé. C'est pourquoi je ne peux que te conseiller de tout cœur :

Prends un nouveau départ ! Va te confesser !

Andreas Süß
Responsable spirituel de Nightfever

« CONVERTISSEZ-VOUS ET CROYEZ À L'ÉVANGILE. »

Écoute la parole de Dieu : Dieu aime tous les hommes d'un amour infini et il a envoyé son fils Jésus les sauver de la mort et du péché.
Dans l'Ancien Testament, les prophètes appellent déjà à la pénitence. Et Jésus lance un appel à la conversion dès le début de sa vie publique. Il accueille les pécheurs et guérit les malades en remettant les péchés.

→ 224 à 228

Après sa résurrection, il envoie l'Esprit Saint sur les Apôtres pour qu'ils remettent les péchés et proclament en son nom l'Évangile à toutes les nations. Depuis, l'Église ne cesse d'appeler à la conversion et de manifester la victoire du Christ sur le péché !

→ Mc 1, 15

Donc Dieu t'offre son amour
et son **PARDON**,
Jésus est venu te sauver et
t'appelle à la **CONVERSION**,
l'Église te propose le sacrement
de **PÉNITENCE** et de
RÉCONCILIATION...
Alors n'hésite plus : va te confesser !

Homme,
tes péchés
te sont pardonnés.
Lc 5, 20

1. VA TE CONFESSER ?

Pourquoi c'est être fort que de vouloir se réconcilier avec Dieu. Et comment s'y prendre.

Bernhard Meuser

Sur la liste des choses les plus désagréables, le rendez-vous chez le dentiste arrive en tête...
Et juste après, il y a la confession.

Déballer ma vie dans ce qu'elle a de plus moche devant un inconnu ? Il faut être fou ! Aller voir un prêtre et lui dire que j'ai volé, triché, menti ? Que j'ai maudit mes voisins et passé la moitié de la nuit à consulter des sites peu recommandables sur Internet ? Ça ne va pas la tête ? Qu'est-ce qu'il va penser de moi ? Je ne pourrai plus jamais le regarder en face !

Oui, c'est vrai. Il faut avoir beaucoup de courage pour faire face aux côtés obscurs de notre vie.

Nous voulons tous être les plus **forts.**

Nous voulons briller, être admirés.
Et c'est vrai que chacun d'entre nous a quelque chose d'admirable.

+ Il y a ceux qui ont la bosse des maths.
+ Il y a ceux qui sont de grands sportifs.
+ Il y a les amis fidèles, qui donneraient leur vie pour toi.

Mais nous savons tous que nous faisons aussi du **mal.**

Nous pouvons cacher nos côtés obscurs pendant un certain temps. Mais un beau jour, il sera évident que mon super devoir se compose de « copier-coller ». Nous serons pris lors d'un mensonge, on nous dira : « Eh ! Ça fait des années que tu me mens ! » Nous devons reconnaître nos mauvaises habitudes. Et ce n'est pas agréable.

Les lâches cherchent alors des excuses et des prétextes. Ceux qui sont courageux disent :

« Oui, c'est vrai. J'ai fait de la bouse. Pardonne-moi ! »

Dans la plupart des cas, ce courage est récompensé. Mais il laisse souvent un goût amer. J'ai un jour dû prononcer ces mots difficiles devant un ami : « Est-ce que tu me pardonnes encore cette fois ? » et il m'a répondu : « OK, je te pardonne, mais je ne pourrai pas oublier. » Qu'est-ce que ce pardon ? J'avais alors la repartie facile et j'ai dit à mon ami : « Je préférerais que tu ne me pardonnes pas, mais que tu oublies ! »

Salut Seigneur, je suis encore là !

Il y a quelques jours, je suis allé me confesser. Seigneur, je suis encore là ! J'ai encore fait de la bouse, je suis sorti du chemin.
Je sais pourquoi. Chaque péché, chaque manque d'amour TE touche. Toi seul, tu es Dieu ! Toi seul peux me pardonner.

Je suis là, pardonne-moi !

Je me suis déjà confessé quelques centaines de fois, mais je dois toujours un peu me forcer, même si je sais que quand je sors du confessionnal, après quelques minutes, je suis aussi heureux qu'après une bonne baignade.

- Mon âme est dans la paix.
- Je pourrais chanter et danser de joie.
- Tous ne ressentent pas cette joie spontanée mais, chez moi, c'est comme ça !

Bon, je reviens à ma dernière confession. Une fois que j'ai confessé mes péchés, le prêtre m'a dit quelques mots qui ont été comme un baume pour mon âme : « Lorsque je te remets tes péchés au nom de Jésus, tu peux prendre un nouveau départ. Imagine-toi : tu seras tout neuf ! Oui, pour toi, la vie ne fait que commencer. Et je te le dis :

Dieu, qui est Amour, ne se contente pas de te pardonner tes péchés. Dans un certain sens, il les oublie même ! »

Ouf ! J'aurais pu l'embrasser !

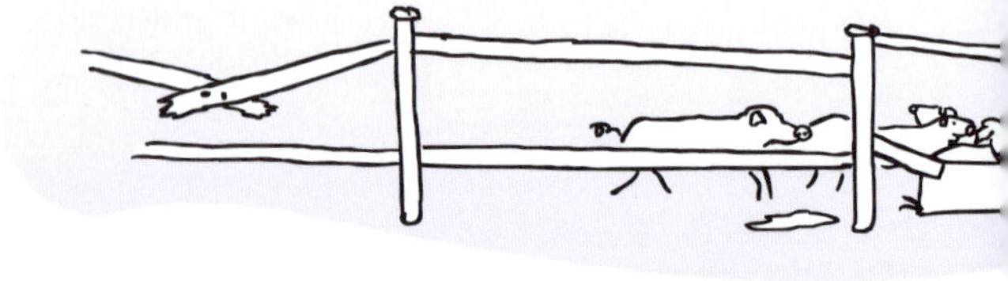

Dieu est tout simplement incroyable !

Il m'arrive souvent de penser : *Seigneur, comment ai-je pu mériter que tu t'intéresses précisément à moi ? Tu me connais pourtant ! Je n'ai pas grand-chose d'intéressant à présenter.*

Mais ce n'est manifestement pas important pour Dieu. Son amour est inébranlable. Et quel est le résultat pour moi ? Je capitule. Je m'approche comme le fils prodigue de l'évangile. J'ai parfois du mal à croire que le père du Ciel ouvrira encore une fois ses bras et m'accueillera en souriant. Je balbutie, comme le fils prodigue : « Père, j'ai péché contre le ciel et envers toi. Je ne suis plus digne d'être appelé ton fils. » (Lc 15, 21)

Il est difficile de comprendre comment Dieu réagit face au pécheur repentant que je suis. Normalement, je devrais penser : *je vais en prendre pour mon compte ! Son regard glaçant*

va me détruire ! En effet, ne devrait-il pas dire : « Va-t'en ! Hors de ma vue ! Je ne veux plus *jamais* te voir ! » Mais Dieu ne réagit pas comme ça. Il se réjouit de mon retour. Il prépare pour moi une fête, ce qu'il y a de meilleur !

Il y en a qui disent : « J'ai trop fait de mal, le Bon Dieu ne peut pas me pardonner. » C'est un gros blasphème. C'est mettre une borne à la miséricorde de Dieu, et elle n'en a point : elle est infinie. Il n'y a rien qui offense tant le Bon Dieu que le fait qu'on désespère de sa miséricorde.

SAINT JEAN-MARIE VIANNEY, CURÉ D'ARS

Qu’est-ce que la confession ?

+ La confession, c’est comme une **mise à jour** **régulière** de ma vie. Si je rate cette mise à jour, mon logiciel finira par être dépassé et mon portable ne sera plus protégé contre les virus et les chevaux de Troie.

+ La confession, c’est comme **l’entretien** **d’une voiture**. Tous les 30 000 km au maximum, la voiture doit aller au garage, sans quoi elle risque de tomber en panne, le moteur peut s’abîmer. L’Église dit que tout catholique doit se confesser au moins une fois par an, si possible avant Pâques.

- La confession, c'est comme une

douche

après une randonnée fatigante. Tu rentres à la maison épuisé, couvert de poussière et de sueur. Tu sens trop mauvais pour aller vers les autres. Mais, après la douche, tu te sens comme renouvelé. Ta peau peut de nouveau respirer, les forces te reviennent, tu mets des vêtements propres.

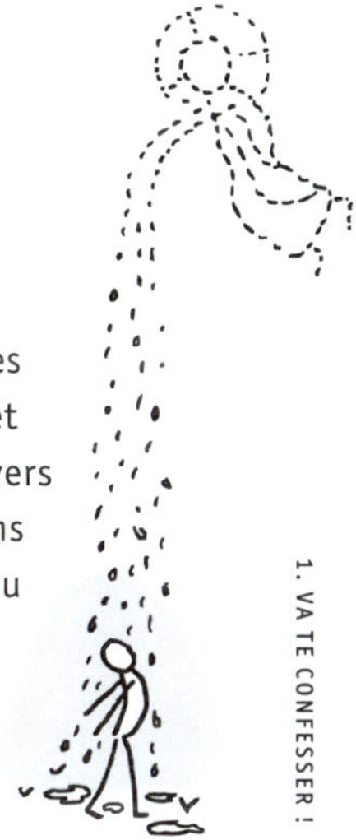

- La confession, c'est comme **retrouver la**

bonne direction

après être allé à contresens. Pécher, c'est comme prendre la mauvaise direction dans de nombreux domaines. Si tu veux éviter l'accident, tu n'as qu'une seule solution : redresser le cap et prendre la bonne direction !

Peut-être trouveras-tu d'autres comparaisons ?

! **Tu veux sans doute maintenant savoir ce qui n'est pas optimal dans ta vie (et même là où tu as tout faux !).** Lis attentivement les pages suivantes. Elles parlent de l'examen de conscience.

2.
+ / –

Un examen de conscience un peu différent

Le soir, avant de se coucher, pendant les vacances ou avant une confession, on peut se servir d'une petite liste pour faire son examen de conscience. Il va de soi que les Dix Commandements et le double commandement de l'amour – de Dieu et du prochain – sont en tête de liste. Tu les trouveras à la fin de ce livre, pour t'en souvenir. Tu peux aussi consulter *YOUCAT – Le Livre de la Confirmation*.

Tu trouveras ici un examen de conscience sous forme de liste + / -. De telles listes ont leurs qualités et leurs défauts. Ce qui est aujourd'hui à la mode ne le sera peut-être plus demain. Mais cette liste + / - est là pour te donner des indications. Le mot le plus important pour cet examen de conscience est « aimer ». L'amour est toujours à la mode, hier comme aujourd'hui et encore demain. Sans amour, tout va de travers : l'État, la famille, notre propre vie. Qui aime vraiment peut aller tout droit vers Dieu, qui n'est qu'amour.

Cette liste + / - est un examen de conscience qui ne se cantonne pas aux péchés. Dans la colonne +, tu trouveras ce qui ne passera jamais de mode. Aimer, chercher passionnément le bien et le faire toujours mieux est mille fois plus important que de se concentrer sans cesse sur les péchés (-) pour ne pas commettre la moindre erreur. Il s'agit d'aimer par-dessus tout et non d'éviter les péchés avec pédanterie.

AIM

DIEU

+

Je donne la première place à Dieu.

Je m'affirme comme chrétien.

J'ai dans ma chambre une croix, une icône, une affiche biblique, un signe qui indique ma foi.

Dieu est la première personne à qui je pense le matin et la dernière vers qui je me tourne le soir.

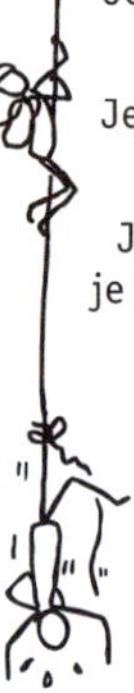

Je vais à la messe le dimanche.

Je prends la défense de Dieu quand d'autres blasphèment.

Je parle à Dieu, je lui demande de se révéler dans ma vie.

Je cherche Dieu et sa volonté dans la Bible et dans l'Église.

Je me forme et j'approfondis ma foi.

Je fais tous les jours mon examen de conscience, je me confesse régulièrement.

–

Je remets à plus tard ma relation à Dieu.

Je me crois tout-puissant.

J'aime quelqu'un ou quelque chose plus que Dieu.

Je mets Dieu de côté pendant les vacances.

Je suis superstitieux, indécis, je crois aux horoscopes.

Je ne cherche que le plaisir, je n'ai pas de temps pour Dieu.

J'ai honte de ma foi.

Je blasphème, je jure, je provoque Dieu.

Je répète sans réfléchir des préjugés contre l'Église.

Je me considère comme meilleur (ou pire) que les autres pécheurs devant Dieu.

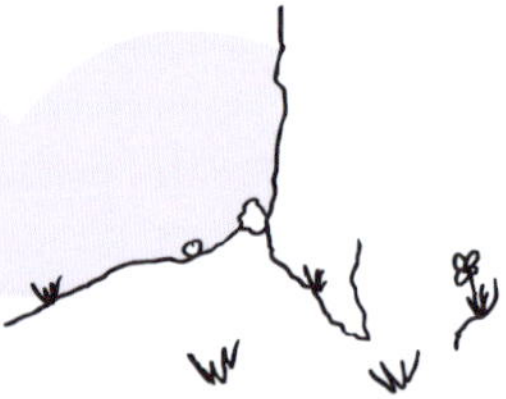

ER

LE MONDE

+	−
J'aime la vie.	Je ne vis que pour mon propre plaisir.
Je remercie Dieu pour ce qui est beau, mais aussi pour ce qui est difficile dans la vie.	Je laisse le monde aller à son destin.
Je m'engage dans la politique, la société, l'Église, je prends des responsabilités.	Je ne mange que des aliments tout prêts et je jette beaucoup d'emballages en plastique.
Je suis ouvert : je lis le journal, je regarde les nouvelles, je consulte les informations sur Internet, je réagis de manière critique à ce que je lis, je poste des messages critiques sur des forums.	Je ne travaille que pour moi-même.
Je chante, je danse, je fais du sport.	Je laisse libre cours à ma convoitise.
Je fais la cuisine et je partage avec les autres.	Je pollue l'environnement.
Je vais dans la nature.	Je fais du mal à des animaux.
J'essaie de faire en sorte que mon environnement soit plus humain.	J'exploite sans mesure la terre, les employés, l'amour des autres, mon propre corps.
J'admire la Création, je contemple le ciel étoilé.	Je me dérobe, je ne développe pas mes dons, mes talents.
J'écoute et je fais de la musique.	Je suis paresseux, je laisse traîner mes affaires.
Je mange du chocolat.	Je cherche toujours la petite bête, je critique tout, je suis pessimiste.

LES AUTRES AIM

+

Je suis reconnaissant.

Je suis un bon ami, qu'on peut appeler jour et nuit.

Je pardonne de tout cœur et je sais demander pardon.

Je fais plaisir aux autres.

Je supporte patiemment ceux qui m'ennuient.

J'agis bien, je suis juste et j'ai des idéaux.

Je prie pour les autres.

Je reconnais et dénonce l'injustice.

J'aide les personnes âgées et handicapées.

Je sais me réjouir avec les autres et compatir.

Je m'engage en faveur des exclus.

Je respecte l'autre sexe.

Je suis franc, sans être blessant.

Je suis fidèle à 100 %.

–

Je jure, je calomnie, j'humilie les autres.

Je fais des téléchargements illégaux.

Je triche, je mens, je déforme ou dissimule la vérité, je complote.

Je manipule les autres, je les utilise pour parvenir à mes fins.

Je ne sais pas tenir un secret.

Je méprise les autres.

Je suis séducteur, je profite des autres sexuellement.

Je suis jaloux.

Je ne dis rien lorsque mes amis se droguent.

Je fais de fausses promesses.

Je suis intransigeant, je refuse de reconnaître mes erreurs.

Je mets les autres en danger sur la route.

Je participe à un avortement ou je ne m'y oppose pas.

SOI-MÊME

+

Je grandis dans la foi, je bâtis une vraie relation à Dieu.

Je ne cesse de travailler sur moi, de me former, j'essaie de devenir meilleur.

Je reconnais mes forces et mes faiblesses.

Je m'accepte comme Dieu m'accepte, je porte sur moi-même un regard bienveillant.

Je fais attention à mon corps, je profite du soleil, de l'air pur, je fais de l'exercice.

Je suis capable d'attendre jusqu'au mariage.

Je sais rire de moi-même, je ne me prends pas trop au sérieux.

Je me pardonne à moi-même.

J'aime bien manger.

Je ne m'énerve pas à la moindre petite chose.

Je sais distinguer ce qui est important et ce qui l'est moins.

Je forme ma conscience.

–

Je néglige mon corps, je ne vais pas chez le médecin.

Je voue un culte excessif à mon corps.

Je fume, je me drogue, je bois trop.

Je fais usage de la pornographie, je me masturbe.

Je sacrifie tout à ma carrière.

Je veux éveiller la pitié.

Je ne reconnais pas les addictions et dépendances, et je pense que ce n'est pas important.

Je ne fais pas attention à mon corps, je travaille trop.

Je mets négligemment ma vie en danger.

Je suis égoïste.

Je me laisse dominer par des mauvaises habitudes.

LE SACREMENT DE RÉCONCILIATION

Comment cela se passe-t-il ?
Que faut-il ?
Qu'est-ce que je dois faire ?

Tout d'abord, il faut avoir du

repentir.

C'est-à-dire que tu dois sincèrement regretter tes péchés. Il ne suffit pas de marmonner quelque chose parce que tu as lu quelque part que c'est un péché.

Tu dois être convaincu que tu as mal agi, que tu as blessé ou sali les autres ou toi-même, que tu as oublié Dieu et perturbé le monde tel que Dieu l'a créé. Notre conscience part à la dérive si elle ne s'accroche pas aux commandements (tu trouveras les Dix Commandements et le double commandement de l'amour à la fin de cet ouvrage). Pour que ta conscience fonctionne, tu dois d'abord savoir que « tu ne voleras pas » (c'est le huitième commandement).

Mais attention, nous nous leurrons facilement en nous disant : « J'agis selon ma conscience ! C'est moi qui suis responsable de mes actes. »

Avec cet argument, on peut mentir, tromper, tuer. Si tu n'es pas sûr d'une chose, demande à un prêtre. Il t'aidera à harmoniser ta conscience avec les commandements de Dieu.

→ 1 Jn 1, 8

→ 297

Peut-on former sa conscience ?

Le repentir suppose aussi

la résolution.

Cela signifie que tu dois avoir la ferme intention de ne pas reproduire les péchés que tu avoues en confession.

Tu peux dire : « Ça ne marchera pas ! Je sais que je vais encore prendre de la drogue. Je n'y arriverai pas. » Cela témoigne de ton réalisme. Effectivement, tu n'arriveras peut-être pas à renoncer une fois pour toutes à la drogue. Mais si tu en as vraiment l'intention et que tu veux tout faire pour cela, tu peux être sûr que Dieu, par le ministère du prêtre, te donnera son pardon et sa paix. Et tu verras : par la confession, tu recevras aussi une force surnaturelle pour faire le bien, que l'on appelle aussi la « grâce ». Peut-être qu'un jour la tentation sera plus forte et que tu ne pourras pas y résister. Retourne alors te confesser ! Encore et encore ! Tu peux revenir mille fois avec la même histoire. Cela ne change rien à la miséricorde de Dieu. Absolument rien !

Il est toujours le Père aux bras ouverts. Et il a encore une fois préparé une fête pour toi ! Incroyable ? Non !

» Il peut nous arriver de tomber. Ce qui est impardonnable, c'est de rester à terre.
WINSTON CHURCHILL

→ **Lc 15, 11-32**

» Comme il était encore loin, son père l'aperçut et fut saisi de compassion ; il courut se jeter à son cou et le couvrit de baisers.
Lc 15, 20

Vient ensuite

l'aveu.

Il ne suffit pas de faire dans son cœur une petite liste de péchés et de manquements, et de les énumérer une fois par semaine, juste avant de s'endormir.
Bien sûr, ce petit examen de conscience est important. Mais si tu veux vraiment te réconcilier avec Dieu (ou si tu dois te réconcilier, parce que tu as commis un péché grave, qui te coupe de Dieu), tu dois aller te confesser à un prêtre.
Jésus a donné à ses apôtres et à leurs successeurs un pouvoir incroyable : « À qui vous remettrez ses péchés, ils seront remis ; à qui vous maintiendrez ses péchés, ils seront maintenus. » Seul Dieu peut pardonner les péchés.
Jésus confie ce trésor à son Église. L'amour de Dieu a voulu que ce soit très concret. Si tu veux repartir à neuf dans ta vie, tu n'as pas besoin de te tourner sans cesse vers le ciel avec un sentiment de culpabilité. Tu peux aller voir un prêtre et lui dire : « J'ai fait ceci et cela. Je regrette devant Dieu. » Et si le prêtre voit que tu le penses vraiment, il te donne le pardon de Dieu.

→ **Jn 20, 23**

→ **228**
Qui peut pardonner les péchés ?

Voir aussi les questions sur les péchés « graves » (p. 81) et sur le pouvoir de remettre les péchés (p. 58)

ALLONS-Y !

Ou le rituel du sacrement de pénitence et de réconciliation

Supposons que tu aies choisi le confessionnal et non pas une confession sous forme d'entretien*. Tu as fait ton examen de conscience. Tu as peut-être préparé une liste**. Tu as prié l'Esprit Saint*** pour faire une bonne confession. Tout est prêt ! Le confessionnal est libre. Tu entres !

Le prêtre te salue. C'est à ton tour. Tu peux dire par exemple :
Bénissez-moi, mon Père, parce que j'ai péché.

Puis vous faites ensemble le signe de croix.

Le prêtre dit alors :
Que Dieu te donne sa lumière pour confesser tes péchés en même temps que son amour pour toi.
ou d'autres paroles semblables. Tu réponds :
Amen.

C'est très simple !

Après avoir lu et médité la **parole de Dieu**, tu es certain de la miséricorde de Dieu et tu as entendu l'appel à la conversion.

C'est maintenant le moment de confesser tes péchés, c'est-à-dire de t'accuser. C'est un terme fort, mais c'est bien de cela qu'il s'agit. Tu dois reconnaître ta faute, sans chercher à te justifier. C'est vraiment une accusation personnelle. Et cela demande du courage.
Il faut simplement dire à quelles conclusions tu es parvenu après avoir examiné ta vie sous le regard de Dieu. Deux questions sont fondamentales.
La première :
Qu'est-ce que j'ai fait de mal ?
Et la seconde :
Quel est le bien que je n'ai pas fait ?

Un conseil : nous péchons parfois plus par ce que nous ne faisons pas que par ce que nous faisons. Cela peut t'aider si tu ne trouves pas de péchés.
Si cela t'aide, tu peux faire une liste** de tes péchés.

Après avoir dit tes péchés, tu dois exprimer ton repentir, par exemple par l'acte de contrition :
Mon Dieu, j'ai un très grand regret de vous avoir offensé, parce que vous êtes infiniment bon, infiniment aimable et que le péché vous déplaît. Je prends la ferme résolution, avec le secours de votre sainte grâce, de ne plus vous offenser et de faire pénitence.

* Voir bonus : confessionnal ou entretien ? p. 76
** Voir aussi p. 53
*** Voir les prières pour la confession, p. 36

C'est maintenant au prêtre de parler !

Il peut te poser des questions, mais avec prudence et politesse. Ce n'est pas un interrogatoire. C'est *ta* confession. Le prêtre remplit une mission divine envers toi. Il veut t'aider à bien reconnaître tes péchés et à les formuler.

Il te donne ensuite un conseil spirituel, en t'indiquant une chose à laquelle tu pourrais être particulièrement attentif.

Il te donne également une « pénitence », le plus souvent une prière à faire après la confession. C'est pour toi un signe de

conversion

et de

pénitence.

Il montre ta volonté de réparer l'offense que tu as faite à Dieu par tes péchés. Cette réparation fait partie du sacrement de réconciliation. Elle inclut aussi la réparation des torts que tu as causés, selon tes possibilités. Ainsi, si tu as volé quelque chose, tu dois le rendre (tu peux le faire de manière anonyme). Si tu as blessé quelqu'un, tu dois au moins demander pardon.

Le prêtre peut alors te donner

l'absolution.

Que Dieu notre Père
te montre sa miséricorde ;
par la mort et la résurrection de son Fils
il a réconcilié le monde avec lui
et il a envoyé l'Esprit Saint
pour la rémission des péchés :
par le ministère de l'Église,
qu'il te donne le pardon et la paix.
Et moi, au nom du Père et du Fils et du Saint-Esprit,
je te pardonne tous tes péchés.

Tu réponds : ***Amen.***

À la fin, le prêtre dit :
Va dans la paix et la joie du Christ.

Et tu réponds :
Béni soit Dieu, maintenant et toujours.

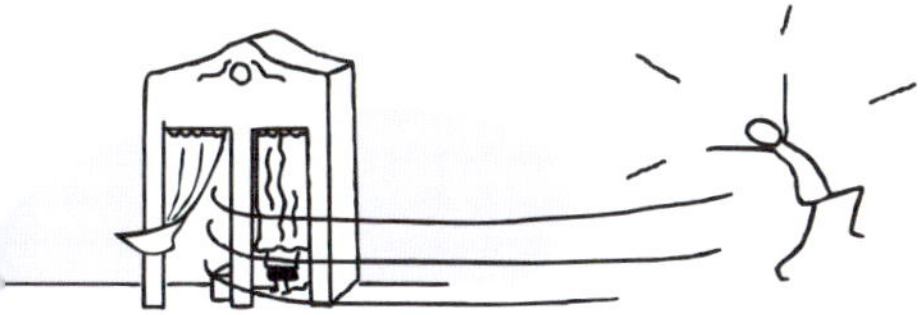

QUELQUES PRIÈRES POUR LA CONFESSION

Certains pensent que, pour reconnaître ses péchés et se confesser, il faut beaucoup *se parler à soi-même*. C'est une erreur. Il vaut mieux allumer une bougie, regarder la croix ou une icône et parler à Dieu. Ce dialogue avec Dieu te permettra de mieux te connaître. Une bonne confession s'accompagne toujours de bonnes prières. Tu peux prier avec tes mots, mais tu peux aussi utiliser les prières suivantes :

Lave-moi de ma faute,

purifie-moi de mon offense.
Oui, je connais mon péché,
ma faute est toujours devant moi.
Contre toi, et toi seul, j'ai péché,
ce qui est mal à tes yeux, je l'ai fait.
Lave-moi et je serai blanc, plus que la neige.
Fais que j'entende les chants et la fête :
ils danseront, les os que tu broyais.
Ne me chasse pas loin de ta face,
ne me reprends pas ton esprit saint.
Rends-moi la joie d'être sauvé ;
que l'esprit généreux me soutienne.
Amen.

PSAUME 50

Une prière pour un bon examen de conscience

J'ai besoin de toi,

Seigneur, pour m'enseigner,
j'ai besoin de toi jour après jour.
Donne-moi une conscience assez claire
pour percevoir ton Esprit.
Je suis sourd, je n'entends pas ta voix.
Mon regard est troublé,
je ne vois pas tes signes.
Toi seul peux aiguiser mon ouïe,
éclairer mon regard et purifier
mon cœur.
Apprends-moi à me tenir à tes pieds
et à écouter ta Parole. Amen.

JOHN HENRY NEWMAN

Une prière à l'Esprit Saint pour une bonne confession

Viens, Esprit Saint,

fais-moi la grâce de reconnaître mes péchés,
de les regretter sincèrement,
de me confesser de manière franche et droite
et de m'améliorer vraiment. Amen.

Mon Dieu,

je regrette de tout cœur
d'avoir si mal répondu
à tout ton amour pour moi.
Mon âme est triste
parce que j'ai péché
contre ta miséricorde infinie
en pensées, en paroles, par action et par omission.
Pardonne-moi, Seigneur.
Regarde, je viens à toi,
imparfait, les mains vides.
Prends pitié de moi.
Je crois que tu veux m'accueillir encore une fois
comme ton enfant.
Je viens chercher ton amour et ton pardon infini.
Je prends la résolution de me repentir,
de ne plus retomber dans le péché
et d'éviter les occasions de péché.
Guéris-moi et sauve-moi
par ta mort et ta résurrection,
et fais-moi la grâce de mieux répondre à ton amour.
Amen.

Jésus,

je regrette d'être de nouveau tombé.
Parfois, la tentation est trop forte,
et moi, je suis trop faible
ou ma confiance en toi est trop timide.
Merci de vouloir encore et toujours
me pardonner.
Je te promets que, fortifié par la confession,
je m'efforcerai de lutter
pour une nouvelle vie,
une vie qui te plaira.

Je t'en prie :
fortifie-moi dans tous les combats à venir
et rappelle-moi que tu luttes toujours à mes côtés.
Je suis heureux que tu comptes sur moi
et que tu aies encore de nombreux projets pour moi.
Ne permets pas, mon Dieu,
que je sois découragé
parce que je te déçois souvent.
Amen.

RUDOLF GEHRIG

Qu'il est beau,

Père très bon,
de savoir que nous sommes toujours dans ta main.
Tu nous rattrapes quand nous tombons,
tu nous soutiens quand nous chancelons,
tu nous protèges dans les dangers.

BERNHARD MEUSER

Mon Dieu,

même si je trébuche sur tous les obstacles,
si je m'effondre à chaque épreuve,
si je tombe dans tous les pièges
et si je suis finalement éliminé
parce que je ne me relève plus,
toi, tu es là à mes côtés, dans la boue,
et tu soutiens ma foi.

BERNHARD MEUSER

Aide-moi, Seigneur,

à mieux te connaître et à mieux t'aimer
afin que je puisse te suivre
de manière plus résolue.

IGNACE DE LOYOLA

Mon Seigneur et mon Dieu,

éloigne de moi tout ce qui m'éloigne de toi.
Mon Seigneur et mon Dieu,
donne-moi tout ce qui me rapproche de toi.
Mon Seigneur et mon Dieu,
détache-moi de moi-même pour me donner tout à toi.

Nicolas de Flüe

Mon Père,

je m'abandonne à toi, fais de moi ce qu'il te plaira.
Quoi que tu fasses de moi, je te remercie.
Je suis prêt à tout, j'accepte tout.
Pourvu que ta volonté se fasse en moi,
en toutes tes créatures,
je ne désire rien d'autre, mon Dieu.
Je remets mon âme entre tes mains.
Je te la donne, mon Dieu, avec tout l'amour de mon cœur,
parce que je t'aime, et que ce m'est un besoin d'amour
de me donner,
de me remettre entre tes mains,
sans mesure, avec une infinie confiance,
car tu es mon Père.

Charles de Foucauld

recon-

3.

ME CONFESSER : YES, I CAN !

Voici le témoignage de Rudolf Gehrig, un jeune Allemand. Pour lui, la confession est très importante, particulièrement depuis qu'il a participé aux Journées mondiales de la jeunesse.

Ça a commencé par une banale blague : j'ai lancé un élastique à travers la classe, il a rebondi sur la porte et a atterri en plein milieu de la figure de la prof ! Cela m'a valu un avertissement, et j'ai dû passer mes pauses à arpenter la cour avec un sac-poubelle et une pince, pour ramasser les déchets. Génial ! Est-ce que tu sais combien de chewing-gums on trouve dans une cour de lycée ? Moi, oui ! Une seule pause n'a pas suffi pour nettoyer toute la cour, d'autant plus que les endroits où j'étais passé étaient de nouveau sales le lendemain.

Trop de déchets dans ma vie

Selon les propriétés du sol et le taux d'humidité de l'air, une peau de banane met environ une année à se décomposer, un sac en plastique a besoin de 1 000 à 3 000 ans et l'uranium 238 n'atteint sa demi-vie qu'après 4,468 milliards d'années. Mais ce n'est rien en comparaison de ce déchet qui ne se décompose pas : le péché. Je l'ai compris : pécher, c'est produire un déchet de la classe « hautement toxique », parce que cela touche les autres, cela influence notre vie et peut même la détruire. Le péché pollue mon paysage intérieur. Il n'a pas de « demi-vie », il ne se décompose pas.

Mais il existe une possibilité pour se débarrasser de ces immondices qui s'accumulent : la confession.

La confession, c'est très simple. Dieu me dit : « Tu as péché, mais parce que tu regrettes sincèrement et que je t'aime, je te pardonne. » Il efface ma dette, appuie sur le bouton de réinitialisation, vide la corbeille et clique sur « Redémarrer ». Il me donne une nouvelle chance, je peux prendre un nouveau départ.

Car si notre cœur nous accuse, Dieu est plus grand que notre cœur, et il connaît toutes choses.
1 JN 3, 20

En réalité, je ne repars pas à zéro. Ce n'est pas comme dans le jeu des petits chevaux, où il faut revenir à la case départ et tout reprendre du début. C'est plutôt comme sur un circuit automobile : à cause de mes péchés accumulés, je sors de la piste. Mais Dieu prend ma voiture et la remet sur le circuit. Je ne dois pas repartir du début, je peux continuer là où j'avais fait ma sortie de route. Je suis à nouveau dans la course, avec une voiture toute propre, le plein fait ! Et des pneus neufs en prime !

→ 314
Comment savons-nous que Dieu est miséricordieux ?

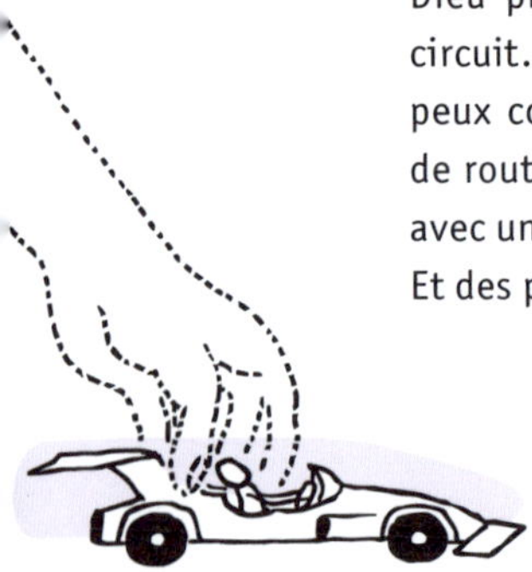

Je ne veux pas.
Mais je le fais quand même !

Depuis la chute d'Adam et Ève, malgré tous nos efforts, nous péchons. Et s'il m'arrivait un jour de dire : « Super, ça y est, je ne peux plus pécher », cela voudrait dire soit que je suis mort, soit que je suis tellement aveuglé par l'orgueil que je ferais bien d'aller me confesser.

→ 68

Qu'est-ce que le péché originel ? En quoi sommes-nous concernés par la chute d'Adam et Ève ?

Comment s'est passée ta journée ?

Chaque soir, avant de m'endormir, je parle avec Dieu. Je l'écoute me demander : « Alors, qu'est-ce que tu as fait de bien aujourd'hui ? Et qu'est-ce que tu as fait de mal ? » Cela me permet d'éviter que certains péchés deviennent une habitude et étouffent peu à peu ma conscience. C. S. Lewis comparait la conscience à une pierre pointue sur le cœur. Quand tu pèches, cette pierre touche ton cœur. Mais si tu pèches sans cesse et que la pierre est en contact continuel avec ton cœur, la paroi de ton cœur va se durcir et tu finiras par ne même plus te rendre compte que tu pèches.

> Le moyen le plus inconfortable pour progresser, c'est d'entrer en soi-même.
> KARL RAHNER

J'ai besoin d'un système d'alarme

Dans certains cas, il est évident que je suis sur la mauvaise voie. Mais, parfois, je n'ai pas le recul nécessaire. Pour y voir plus clair, je peux m'adresser au prêtre à qui je me confesse (mon confesseur), ou chercher dans la Bible ou le Catéchisme.

→ 312
Comment sait-on que l'on a péché ?

Je peux repérer le mécanisme qui se déclenche et fait que je prends inconsciemment la mauvaise direction :

J'ai frappé mon petit frère. Je ne voulais pas, il est gentil. Que s'est-il passé ? Ça a commencé par deux euros qui traînaient sur mon bureau et ont soudain disparu. Mon frère a démenti et a même vidé sa tirelire pour me prouver qu'il n'avait pas pris mes deux euros. Mais je n'étais pas convaincu de son innocence. Ensuite, il a pris le dernier petit pain au petit déjeuner, alors que j'avais faim mais que j'attendais poliment pour voir si papa ou maman voulaient manger ce petit pain.

> L'amour commence aujourd'hui. Aujourd'hui, quelqu'un souffre. Aujourd'hui, quelqu'un est dans la rue. Aujourd'hui, quelqu'un a faim. C'est aujourd'hui que nous devons nous engager. Hier est passé. Demain n'est pas encore là. Nous n'avons qu'aujourd'hui pour faire connaître Dieu en aimant, en servant, en nourrissant ceux qui ont faim, en habillant ceux qui sont nus, en donnant un toit aux pauvres. N'attends pas demain ! Demain, ils seront morts, si nous ne leur donnons rien aujourd'hui.
> MÈRE TERESA

Mais mon petit frère peut tout faire, on ne le gronde jamais. J'ai bien vu sa fierté quand il a montré aux parents son beau dessin. Maman l'a tout de suite collé sur la porte du réfrigérateur. Ça m'a fait mal. Puis il est entré trois fois dans ma chambre sans frapper. Alors quand je l'ai surpris à regarder mes SMS sur mon portable, je lui ai collé une raclée. Il est parti en pleurant voir maman. Moi, j'ai mal à la main et je suis soudain désolé. Je me demande ce qui m'a pris.

Je m'aperçois que c'est souvent des petites choses qui, en s'accumulant, conduisent à la catastrophe. Mon système d'alarme fonctionne, je peux réagir à temps et éviter certaines occasions de péché. Si je sais qu'il vaut mieux que je ne prenne pas mon ordinateur dans ma chambre, je le laisse ailleurs. Cela vaut mieux que de m'agenouiller le lendemain matin pour demander pardon à Dieu d'avoir été sur Internet jusqu'au petit matin.

Si vous êtes en colère, ne tombez pas dans le péché ; que le soleil ne se couche pas sur votre colère.
Ep 4, 26

Les tentations sont comme des vagabonds : quand on les traite amicalement, elles reviennent avec d'autres.
Mark Twain

Je dois aussi vouloir !

Un de mes amis, dont l'apparence prouve qu'il ne dédaigne pas un bon repas, décide, six semaines avant Noël, de faire un régime strict. Au bout de cinq semaines, il reçoit un paquet de sa tante. Il le regarde et le pose sur la table, sachant pertinemment ce qu'il contient : toute une cargaison de biscuits faits maison. Il sait très bien que s'il ouvre le paquet et voit les biscuits, il se servira, faute de maîtrise de soi. Il le regarde de nouveau, puis l'ouvre. Et c'en est fini du régime !

» Fais ce que tu peux, demande ce que tu ne peux pas, et Dieu t'aidera afin que tu puisses le faire.
SAINT AUGUSTIN

Le meilleur système d'alarme ne sert à rien si ma volonté est trop faible. Pour m'opposer à la puissance destructrice du péché dans ma vie, j'ai besoin non seulement de ma raison, mais aussi d'une bonne dose de volonté. Et évidemment d'un discernement sûr, pour distinguer le bien du mal.

→ 291
Comment une personne peut-elle discerner si son agir est bon ou mauvais ?

Écouter la parole de Dieu, qui annonce la réconciliation et invite à la conversion, à la pénitence est une bonne idée ! L'écoute de la Parole permet la contrition et une vérité de la pénitence.

Petit plaidoyer pour une liste de péchés

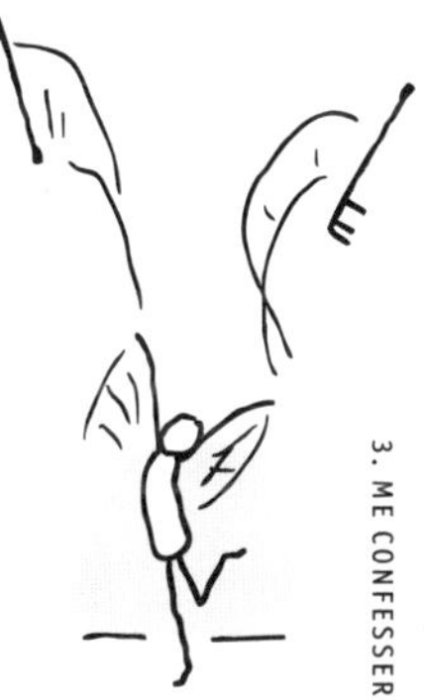

Je vous entends déjà : pourquoi noter ses péchés quand on va se confesser ? Ceux qui fréquentent régulièrement le sacrement de réconciliation n'en ont pas besoin ! On m'a dit un jour : « Pour une bonne confession, la liste de péchés et le questionnaire pour l'examen de conscience sont comme deux béquilles : quand tu peux marcher tout seul, tu t'en débarrasses ! » Oui, mais… je n'en suis pas encore là ! Et j'utiliserai l'un et l'autre aussi longtemps qu'il le faudra. Parce que je prends au sérieux ma relation avec Jésus.

Un questionnaire pour l'examen de conscience m'est très utile. Sinon, je vois seulement que je n'ai ni tué, ni braqué une banque. Certes, c'est un bon début ! Mais j'ai aussi besoin d'une liste qui me rappelle concrètement qu'il ne s'agit pas seulement du mal que je n'ai *pas* fait, mais aussi de ce que j'ai vraiment loupé : le bien que je n'ai pas fait à Dieu, aux autres et à moi-même.

» Le Bon Dieu aime être dérangé.
SAINT JEAN-MARIE VIANNEY, CURÉ D'ARS

> Ne te lamente pas sur ce que tu ne peux pas changer, mais change ce sur quoi tu te lamentes.
> WILLIAM SHAKESPEARE

Ma liste de péchés

Comme j'en ai encore besoin, je prends donc un questionnaire pour l'examen de conscience. Je le parcours, point après point. Comme lors du contrôle technique pour les voitures, je note les points défaillants sur ma liste de péchés. La consternation que je ressens quand j'arrive au bout de cette longue liste est déjà le « repentir » dont j'ai besoin pour que Dieu me pardonne mes péchés. Je place les « gros trucs » en tête de liste, pour en être débarrassé plus vite et ne pas succomber à la tentation de les laisser de côté parce que j'en ai honte.

> Pour discerner la volonté de Dieu, trois choses sont nécessaires : prier, attendre, se faire conseiller.
> DON BOSCO

Des confettis

La liste de péchés a aussi une valeur symbolique. Lorsqu'elle a rempli son office, je la déchire en petits morceaux.

Tout ce qui me séparait de Dieu s'envole. Lis ce que saint Paul écrit dans la lettre aux Colossiens : « Il a effacé le billet de la dette qui nous accablait » !

→ Col 2, 14

Encore une chose : je n'envoie pas ma liste de péchés par SMS, je ne la publie pas sur Facebook, je ne la note pas non plus dans mon cahier de maths. Je prends une feuille de papier. Je la prépare seulement la veille de ma confession, et une minute après l'absolution, il n'en reste que des confettis, qui s'éparpillent dans le vent ou sont dévorés par les flammes.

STOP !

Le plus important, c'est l'amour !

Il y a aussi des gens qui en font trop avec l'examen de conscience ! Toute leur vie chrétienne et leur prière ne consistent qu'en une recherche sans fin des péchés qu'ils auraient pu commettre. Ils pensent que Dieu ne les aimera que s'ils sont aussi petits et laids que possible devant lui. Leur vie est comme étouffée. Ils n'osent rien faire, de peur de se tromper. Au lieu de louer Dieu pour sa puissance, ils ne pensent qu'à leur propre faiblesse. Ils ne font que répéter qu'ils sont d'horribles pécheurs.

On les appelle des « *scrupuleux* ». Le curé d'Ars, saint Jean-Marie Vianney (1786-1859), confesseur célèbre, était souvent confronté à des scrupuleux. Pour se confesser à lui, il fallait « éviter toutes ces accusations inutiles, tous ces scrupules qui font dire cent fois la même chose, qui font perdre le temps au confesseur, fatiguent ceux qui attendent pour se confesser ».

Le curé d'Ars conseillait d'« accuser ce qui est douteux comme douteux, ce qui est certain comme certain ». Il recommandait d'« éviter tous les déguisements : que votre cœur soit sur vos lèvres. Vous pouvez tromper votre confesseur, mais rappelez-vous bien que vous ne tromperez pas le Bon Dieu, qui voit et connaît vos péchés mieux que vous. »

Une chose est certaine : l'examen de conscience est nécessaire, encore et toujours. Mais je vous en supplie : qu'il soit sobre, court, efficace ! Le curé d'Ars aimait particulièrement les confessions courtes, sincères, concises.

+ Dieu pardonne et « oublie » les péchés.
+ Oublie-les toi aussi !
+ Pas d'obsession sur les péchés !
+ Regarde Dieu, qui est amour !

Le signe distinctif des chrétiens doit être la joie.

Dieu ne veut pas que tu aies l'air d'un dépressif qui passe son temps à examiner le fond de ton âme.

Bernhard Meuser

Je cherche un prêtre.

Je sais bien, certains préféreraient se débarrasser de leurs péchés directement devant Jésus, pendant la prière du soir, épancher leur cœur devant leur meilleur ami et recevoir l'absolution par automate. Mais Jésus a confié le pouvoir de remettre les péchés à l'Église.

→ 228
Qui peut pardonner les péchés ?

C'est Jésus qui a établi la règle du jeu. Alors je lui fais confiance et je cherche un prêtre, pour pouvoir repartir à neuf.

S'il est interdit de sortir les poubelles en dehors des horaires autorisés, il n'y a pas d'heure pour aller trouver un prêtre. Bien sûr, il ne faut pas abuser, sauf en cas d'urgence (l'avion va s'écraser, le prêtre qui est devant moi dort comme un bébé : dois-je le réveiller ?). Toutes les paroisses ont des horaires pour les confessions. Je peux les trouver sur Internet, sur la feuille de messe ou demander directement au prêtre.

Je me suis demandé s'il valait mieux aller voir un prêtre que je connais bien ou en trouver un que je ne vois pas tous les jours.

→ 238
Un prêtre a-t-il le droit de répéter ce qu'il a appris lors d'une confession ?

Je fais les deux, mais je préfère la deuxième option. C'est plus facile pour agir comme si

la confession n'avait pas eu lieu, pour oublier ce qu'il s'est dit.

! Confessionnal ou entretien ?
Voir p. 70.

Quand vais-je me confesser ? Pour moi, la règle est claire : quand on a fait un péché grave, il faut se confesser, sans quoi on ne peut pas communier. Et à part ça, tout catholique doit se confesser une fois par an, de préférence avant Pâques, même quand il n'a pas conscience d'avoir commis un péché grave. Et moi, quand est-ce que je me confesse ? Plusieurs fois dans l'année. Je pense que je devrais le faire plus souvent. Mais il y a toujours un petit démon qui contrarie mes plans...

→ 234
Quand faut-il confesser ses péchés graves ? Doit-on souvent se confesser ?

Ne pas se laisser déstabiliser

Je me rappelle tout à coup mille choses qui m'empêchent de concrétiser mon rendez-vous avec LUI dans la confession. Je me souviens que je dois nettoyer la cage de mon lapin, que je n'ai pas encore rappelé mon amie ou qu'il faut impérativement changer le carburateur de mon scooter...

> Pense qu'il faut traverser la mer Rouge et le désert pour atteindre la Terre promise.
> Don Bosco

Et je m'aperçois que je ne suis pas si affreux que je pensais, que le prêtre n'a rien à faire de mes péchés, et que je n'aurais jamais dû croire à cette histoire de pardon et écrire une liste de péchés. Je ne veux pas échapper à mes responsabilités, mais il y a quelqu'un qui travaille contre moi, quelqu'un qui veut à tout prix m'empêcher de me réconcilier avec Dieu. Nervosité, sueurs froides, palpitations, hypertension, envie de faire pipi ? Cours chez le médecin ! Ou va te confesser ! C'est maintenant ou jamais !

! Pour te préparer à la confession, tu trouveras de belles prières aux pages 36 à 43.

Avant d'entrer dans le confessionnal, je prends encore un peu de temps pour parler avec le Seigneur. Je lui demande la grâce d'une bonne confession.
Une fois que je suis dans le confessionnal, mon cœur bat sans doute plus fort que lors d'un premier rendez-vous amoureux.

Pas étonnant : j'ai rendez-vous avec celui qui est plus puissant et plus impressionnant que quiconque sur terre !

Le prêtre n'est qu'une « oreille »...

Après l'introduction, je me lance. Je déballe tout ! Je prends ma liste de péchés, point par point. Parfois elle ne me sert que de pense-bête. Le prêtre qui m'écoute le fait à la place de Jésus.

! Pour savoir comment se déroule la confession, consulte les pages 32 à 35.

Il est « l'oreille », le reste est secondaire. Je parle à Jésus. Lui me connaît. Et il n'est pas étonné que je sorte encore du fond de mon cœur un sac-poubelle que j'avais presque oublié. Il connaît même les recoins les plus sombres de mon âme. Et il se réjouit que j'y laisse enfin entrer la lumière.

Lorsque j'ai dit mes péchés à Jésus, j'exprime mon repentir. Ce n'est pas compliqué. En gros, il suffit de dire : « J'ai cassé une vitre » et « je regrette ».

→ 232
Que dois-je faire pour me confesser ?

« Ce sont mes péchés ! Je les reconnais et je les regrette. »

> Le pardon n'est pas un acte occasionnel, mais une attitude permanente.
> MARTIN LUTHER KING

Il m'a fallu du temps pour comprendre que Dieu n'est pas fou de rage contre moi à cause de mes péchés. Il sait bien que je suis faible. Je n'ai pas besoin de faire des yeux de chien battu pour attendrir son cœur et l'adoucir. Dieu est triste à cause de mes péchés, pas en colère. Je m'imagine combien il doit se réjouir quand je regrette de tout cœur et que je lui demande pardon. Le repentir est très important. Sans lui, ce n'est pas la peine d'aller se confesser !

→ 314
Comment savons-nous que Dieu est miséricordieux ?

Dans toute l'histoire de l'humanité, Dieu n'a encore jamais repoussé quelqu'un qui lui demandait pardon. Ça ne va pas de soi. Pense un peu à la façon dont tu réagirais si ton ami te faisait sans cesse la même crasse. Il s'excuse, tu lui pardonnes, il recommence. On finit tous par en avoir assez.

> Pour ceux qui l'aiment, Dieu fait concourir toutes choses à leur bien ; absolument toutes choses, au point même que si certains d'entre eux dévient et s'écartent, il fait que cela encore leur serve pour le bien.
> SAINT AUGUSTIN

Mais pas Dieu.

On a déjà payé pour vous !

Prenons une comparaison : je vais à la banque avec une reconnaissance de dette. Je m'approche du guichet. Tout tremblant, je donne la reconnaissance de dette à l'employé, très poli, avec une belle cravate. Il la regarde. Je lui dis que je ne peux malheureusement pas payer. Je suis fichu... Que fait l'employé ? Il me regarde gentiment dans les yeux et déchire le billet, jusqu'à ce qu'il n'en reste que des confettis. « Ça ne fait rien, dit-il, on a déjà payé pour vous. »

C'est ça, la confession : « On a déjà payé pour vous... » Jésus a payé pour moi !

Le Bon Dieu aura plus tôt pardonné à un pécheur repentant qu'une mère n'aura retiré son enfant du feu.
Saint Jean-Marie Vianney, curé d'Ars

→ Ep 2, 8-9

Oui, c'est incompréhensible, mais Dieu s'est mis dans la tête, il y a deux mille ans, de payer nos dettes.

→ 337
Comment sommes-nous sauvés ?

Lorsqu'une entreprise paie les maillots d'une équipe de sport, le patron veut bien sûr que le nom de sa société figure sur les maillots, pour se faire connaître et augmenter ses profits. Dieu pense tout autrement. Dieu fait cela par amour. Dieu est amour. Et l'amour ne compte pas et ne recherche pas son propre avantage.

Le prêtre est l'employé au guichet de la vie. Il est là pour déchirer ma reconnaissance de dette. C'est triste de voir combien de personnes tournent autour, indécises, choisissent des méthodes des plus sauvages et de prétendues « offres de salut » toutes plus farfelues les unes que les autres pour se débarrasser de leurs dettes, alors qu'il suffit d'aller au guichet et de faire déchirer leur reconnaissance de dette.

» Si vos péchés sont comme l'écarlate, ils deviendront aussi blancs que neige. S'ils sont rouges comme le vermillon, ils deviendront comme de la laine.
Is 1, 18

> Le confessionnal n'est pas un pressing. C'est plutôt une rencontre avec Jésus. Il nous attend et nous accueille tels que nous sommes.
> PAPE FRANÇOIS

Encore une belle histoire

Je connais une vieille histoire : il était une fois un homme qui avait tout fait dans la vie et s'était radicalement éloigné de Dieu.

Un jour, pour rigoler, il est allé se confesser. Il voulait se moquer du prêtre. Il a raconté son histoire, concluant d'un ton sarcastique qu'il regrettait un peu, rigolant de la naïveté du prêtre.

Le prêtre ne pouvait bien sûr pas lui donner l'absolution, mais il lui a dit : « Si vraiment tu es culotté, va dans la crypte et tiens-toi devant le crucifix. Regarde Jésus et dis-lui dix fois, bien fort : ça m'est égal que tu sois mort pour moi. » Impressionné par cette sincérité, le jeune homme a suivi le conseil du prêtre. Il est allé dans la crypte, s'est arrêté devant le crucifix et a dit : « Ça m'est égal que tu sois mort pour moi. » Il a répété cette phrase quelques fois et a fini par fondre en larmes, tombant à terre en sanglotant.

Il est retourné au confessionnal et s'est vraiment confessé. Il a reçu l'absolution. Il s'était converti : l'amour de Dieu l'avait conquis.

Le prêtre n'est que l'instrument de Dieu. C'est pourquoi le prêtre de mon histoire n'a pas pu donner d'emblée l'absolution au jeune homme, parce qu'il était évident qu'il ne regrettait pas ses péchés. Le véritable repentir comprend aussi la volonté d'éviter les péchés et de changer de comportement. Bien sûr, c'est difficile de changer vraiment de comportement et de ne plus jamais faire de mal ! Mais je dois toutefois en prendre la ferme résolution. Dieu m'aidera. Après l'absolution, on reçoit une pénitence, le plus souvent une prière.

> Il n'y a pas un instant dans notre vie où nous ne pouvons pas prendre un nouveau chemin.
>
> BIENHEUREUX CHARLES DE FOUCAULD

Pour beaucoup, le mot « pénitence » est associé à des peines cruelles que l'Église aurait inventées pour faire peur aux gens. Mais il s'agit en fait d'offrir à Dieu un *signe de réparation et de gratitude*. Je montre ainsi que je suis prêt à assumer les torts que j'ai causés.
Il m'est arrivé un jour de me confesser à un religieux qui vivait dans la montagne.

→ 230
Qu'est-ce que la pénitence ?

> Les péchés contre le sixième commandement ne sont pas les plus graves, mais les plus tenaces.
>
> SAINT THOMAS D'AQUIN

Notre conversation a pris un tour très sympathique, si bien qu'à la fin il avait oublié ce qu'il voulait me donner comme pénitence. Il m'a alors fait très peur en disant : « Eh bien… tu graviras l'Everest à genoux ! » Mais heureusement, tout cela s'est fini par une simple prière !

Après la confession…

Je suis heureux, libéré ! Il m'est même arrivé de pleurer de joie. Mais il arrive aussi que je ne ressente absolument rien. J'ai demandé à un prêtre si j'avais fait une erreur quelque part.

Il m'a dit : « Tu n'as pas fait d'erreur. Ta confession est valable. Dans le sacrement de réconciliation, l'important n'est pas que tu *ressentes* que tes péchés sont pardonnés, mais *le fait qu'ils sont pardonnés*. Et si tu le sens, c'est encore mieux ! » Ouf, j'étais soulagé.

→ 239

Quels sont les effets positifs du sacrement de réconciliation ?

Et si je reviens à mon ancienne vie ?

Il se peut que je retombe, l'important est que je reprenne ensuite le combat.

Il peut arriver que, dans un moment d'inattention, je baisse la garde dans ma lutte contre le mal et que je prenne un coup. Ce n'est pas grave si je tombe à terre. L'arbitre va commencer à compter, et Dieu va m'aider. Ça y est, je me relève ! Peu importe combien de fois je tombe, si j'aime me battre et que je me relève.
Je peux gagner, parce que je crois en Dieu. Et parce qu'il croit en moi.

Jésus dit à la femme adultère : « Moi non plus, je ne te condamne pas. Va, et désormais ne pèche plus. »
Jn 8, 11

BONUS I

Confessionnal ou entretien ?

Qu'est-ce qui est le mieux ?

Le **CONFESSIONNAL** te permet de rester pratiquement anonyme. Le prêtre n'a pas vraiment le rôle d'un ami et d'un conseiller compréhensif, qui t'écoute patiemment et discute avec toi. Il est plutôt comme un juge qui écoute les péchés, prend au sérieux ton repentir et te donne l'absolution.

C'est important et il faut en avoir conscience : que le prêtre qui te reçoit soit un saint ou qu'il ait lui-même une vie boiteuse, peu importe pour toi. Même si c'était un criminel, il te donnerait l'absolution au nom du Christ. Et soyons honnêtes : parfois, nous espérons que, dans un entretien, le prêtre minimisera nos péchés : « Ce n'est pas si grave ! » Ça m'énerve quand j'entends cela. Je me tiens devant Dieu et, quand ma conscience m'accuse, je n'ai pas envie qu'on me dise : « Oh, mon pauvre, vous avez sans doute eu une enfance difficile ! »

Personnellement, je vais au confessionnal toutes les quatre semaines environ. Je me prépare bien. Et ça ne dure pas longtemps : entre cinq et sept minutes en général. Mais quand, de temps en temps, j'ai besoin de parler de ma vie plus en détail, le confessionnal n'est pas adapté. Je vais alors voir le prêtre dans son bureau. Et quand j'ai tout dit, il prend son étole – signe qu'il est alors le ministre du sacrement de réconciliation – et notre entretien se termine par une confession.

Le problème du confessionnal peut être qu'on laisse de côté quelques péchés. Il est facile d'oublier certains péchés « standards », de faire une croix dessus et de revenir à notre train-train quotidien. L'avantage du confessionnal, c'est l'anonymat. Mais qu'on choisisse le confessionnal ou l'entretien, le secret de la confession est absolu.

Un de mes amis m'a récemment raconté qu'il était allé au confessionnal à la cathédrale de Washington.

Une lumière verte indiquait que le prêtre attendait le pénitent suivant. Dans le confessionnal, il faisait sombre et il était impossible de voir à quoi ressemblait le prêtre derrière la grille. Mon ami a donc commencé par se présenter : depuis combien d'années il était marié, combien d'enfants il avait, ce qu'il faisait dans la vie et ce qu'il aimait particulièrement. Il a alors entendu, des profondeurs du confessionnal, une voix de basse profonde : « *No stories, please ! Confess !* » Cette histoire est géniale ! J'ai une certaine sympathie pour ce prêtre de Washington. Dans la confession, il ne s'agit pas de tourner autour du pot, mais d'aller droit au but. Si on a des doutes, on peut bien sûr poser des questions. Mais la confession n'est pas un stand d'information divin ni un divan de psychologue. C'est le lieu où je rencontre Dieu à travers son serviteur.

Rencontrer un prêtre pour un **ENTRETIEN**, c'est une excellente possibilité pour expérimenter concrètement l'amour et la miséricorde de Dieu. Quelques images se présentent à moi. À Taizé, où je suis allé souvent, il y a chaque semaine une « nuit des lumières ». Des frères prennent place sous les arcades de la chapelle. Avec certains, on peut parler de notre vie et de notre chemin avec le Seigneur. D'autres indiquent, par leur étole, qu'ils sont prêtres catholiques. On peut s'approcher et se confesser. Souvent, les jeunes forment de longues files, attendant de recevoir le sacrement de réconciliation. C'est contagieux, comme un tourbillon : « Eh, toi aussi, tu devrais faire de l'ordre dans ta vie avec le Seigneur ! » La pièce se remplit de désir, de paix et de beauté. Dieu travaille. Il transforme les cœurs en profondeur.

Se confesser lors d'un entretien, c'est très beau : quand on n'est pas sûr de savoir ce qui est péché ou non ou quand on veut en profiter pour poser une question, on a besoin de temps pour discuter avec une personne qui nous écoute avec une patience toute divine et nous adresse un conseil tiré de la Parole de Dieu.

Mais l'entretien a aussi ses risques : on peut se contenter de bavarder. Le prêtre peut simplement être un gars sympa avec qui il fait bon discuter. La confession est sacrée : il ne faut pas la banaliser.

BERNHARD MEUSER

BONUS II

Questions sur la confession

Pour tous ceux qui veulent des précisions

De nombreux jeunes de Cologne et des environs ont un confesseur exceptionnel : Mgr Klaus Dick. Ce prêtre, évêque émérite, est devenu une personne de confiance pour des gens qui ont soixante ans de moins que lui. C'est une chance pour eux comme pour lui. Les jeunes aiment son tempérament paternel, qui les aide à tout déballer. Pas étonnant qu'ils l'aient choisi comme accompagnateur spirituel. Rudolf Gehrig lui a posé toutes ses questions sur la confession.

YOUCAT : Si vous deviez résumer le sacrement de pénitence en quelques mots, que diriez-vous ?
Mgr Klaus Dick : Le sacrement de pénitence est le cadeau du Ressuscité à ses disciples.

Désolé, je ne comprends pas. Le « cadeau du Ressuscité » ?
Réfléchis bien ! Que s'est-il passé le jour de Pâques ? Quand Jésus s'est manifesté à ses disciples ? Il a souhaité la paix aux apôtres, leur a transmis l'Esprit Saint et a dit une chose incroyable : « À qui vous remettrez ses péchés, ils seront remis. »

→ Jn 20, 23

Ce « cadeau du Ressuscité », les apôtres l'ont transmis à leurs successeurs, les évêques. Et c'est ainsi que ce cadeau s'est perpétué de génération en génération, par l'ordination épiscopale, jusqu'à nos jours. L'évêque transmet ce pouvoir à ses prêtres. Et lorsqu'un chrétien reçoit aujourd'hui le sacrement de pénitence des mains d'un prêtre ou d'un évêque, qu'il soit à New York ou dans la forêt indonésienne, il reçoit ce cadeau de Jésus.

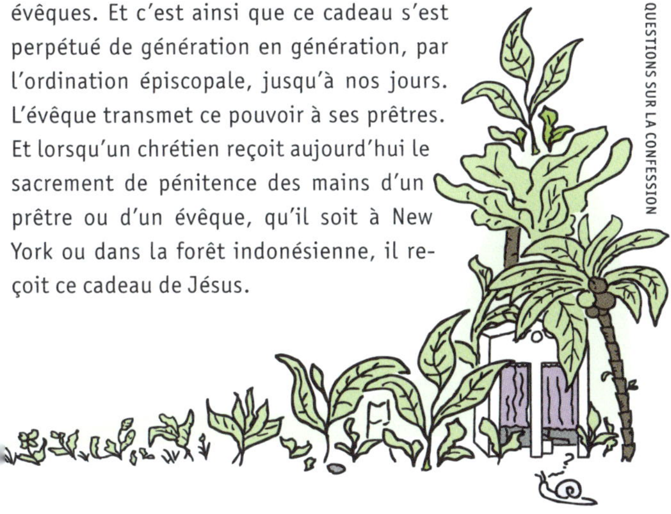

Vous avez dit que la confession est un sacrement. Que voulez-vous dire par là ?
Oui, la confession (ou plutôt le sacrement de pénitence et de réconciliation) est l'un des sept sacrements de l'Église catholique. Les sacrements sont des signes sacrés établis par Jésus Christ. Ils réalisent exactement ce qu'ils représentent. Cela signifie que tu peux être sûr que, par la puissance de Dieu, tes péchés sont véritablement pardonnés lorsque le prêtre te donne l'absolution. Le premier pardon des péchés dans la vie d'un homme, c'est le baptême. Mais un baptisé peut encore pécher. Cela effrayait les premiers chrétiens, mais en revenant aux paroles de Jésus, ils ont compris que le pardon des péchés était possible même après le baptême.

Quelqu'un m'a dit un jour que l'Église avait inventé la confession pour garder les hommes sous contrôle...
C'est ridicule. La confession a des fondements bibliques. Dans les évangiles, on trouve dès les premiers chapitres cet appel : « Convertissez-vous ! » (Mt 3, 2 ; Mc 1, 15). Le Seigneur Jésus Christ a donné à son Église le pouvoir de veiller à cette conversion : « À qui vous remettrez ses péchés, ils seront remis. »

Comment la confession a-t-elle évolué dans l'Église ?
Au début, on pensait que, après le baptême, qui enlève tous les péchés, les gens ne péchaient plus. Mais on a vite constaté qu'ils péchaient quand même. On a alors établi une règle selon laquelle, après le baptême, on pouvait recevoir le pardon une seule fois. Par la suite, on a pris l'habitude de

confesser publiquement les « péchés capitaux » devant la communauté : apostasie, meurtre et adultère.
C'était la condition pour le pardon. Ce n'est que plus tard qu'on a rassemblé tous les péchés dans ce sacrement. Les pécheurs allaient voir un prêtre pour se confesser. C'est ainsi qu'est apparu le « secret de la confession ». Mais, quelle que soit la forme, le cadeau du pardon des péchés est le même.

Le secret de la confession : ça semble fascinant !
Oui, c'est fascinant. Tout confesseur doit être prêt à mourir plutôt que de répéter ce qui lui a été confié en confession. Il ne peut pas non plus faire d'allusions, pour qu'on ne puisse pas découvrir indirectement qui a dit quoi.

Supposons que mon confesseur me connaisse. Il va sûrement penser du mal de moi la prochaine fois qu'il me verra.
Il n'y a pas de confesseur qui n'ait pas un respect profond pour son pénitent : soit il l'estime parce qu'il a peu de choses à confesser, soit il l'admire parce qu'il a le courage d'avouer des manquements graves. Et il est toujours heureux de pouvoir donner le pardon de Dieu.

Le sacrifice qui plaît à Dieu, c'est un esprit brisé ; tu ne repousses pas, ô mon Dieu, un cœur brisé et broyé.
Ps 50, 19

→ 238
Un prêtre a-t-il le droit de répéter ce qu'il a appris lors d'une confession ?

Tu ne peux pas pécher au point de détruire l'amour de Dieu.
HEINRICH CHRISTIAN RUST

Toute bonne confession dit au prêtre : tu dois devenir un meilleur chrétien. Les confesseurs n'ont d'ailleurs pas le droit de laisser ce qu'ils entendent en confession influencer leur comportement vis-à-vis des pénitents. Et ils ne peuvent pas se référer à ces aveux en dehors de la confession.

Le prêtre est-il obligé de me donner l'absolution ?
Si le pénitent regrette vraiment ses péchés, le prêtre n'a pas le droit de lui refuser l'absolution. Ni même de rouspéter !

Est-ce qu'il y a un truc pour ne pas avoir peur d'avouer un péché dont j'ai honte mais qui me pèse ?
Dis-toi simplement : si je le dis maintenant, cela m'aidera. Et il n'y a pas d'effets indésirables. C'est idiot de ne pas oser dire qu'on a le cœur malade quand on est à la pharmacie et qu'on a besoin d'urgence d'un médicament pour une crise cardiaque. On ne nous donnera alors pas le médicament. Je dois me rappeler que je me confesse à Jésus Christ. Le prêtre est lié par le secret de la confession. Et c'est idiot de ne pas confesser à Jésus quelque chose qu'il sait déjà.

Et si je m'exprime de manière aussi abstraite que possible ?
Le confesseur doit pouvoir estimer le poids du péché, sans quoi c'est un processus mécanique, et un robot pourrait théoriquement aussi donner l'absolution.

Par exemple, si je dis que je me suis disputé avec mes parents, la situation est différente si c'est la première fois depuis vingt ans ou si je suis en conflit perpétuel avec eux depuis quinze ans. Je dois le dire au prêtre. Pour les péchés légers, on ne doit pas forcément faire une confession exhaustive. La confession n'est pas une déclaration d'impôts.

Comment me conseillez-vous de me confesser ?
Il n'y a pas de règles. Il faut seulement faire son examen de conscience :

» La puissance des méchants se nourrit de la lâcheté des bons.
DON BOSCO

→ 396
Est-il important de savoir contrôler sa colère ?

« Qu'est-ce que j'ai mal fait devant Dieu ? » Je dois aussi regretter sincèrement et me dire : « Je dois changer cela. » Il est impératif d'exprimer ses aveux. Le prêtre qui confesse doit savoir pourquoi il donne l'absolution.

Mes péchés intéressent-ils vraiment Dieu ?

Dieu est amour. Il n'est absolument pas indifférent à ce que nous faisons ou ne faisons pas. Toute pensée et toute parole l'intéressent. Le péché est ce qui nous abîme. Comment Dieu pourrait-il être désintéressé quand ses enfants bien-aimés se détruisent en permanence ? C'est pour cela que le confesseur doit bien faire comprendre que chaque péché, même s'il concerne d'autres personnes, affecte ma relation à Dieu, et que Dieu veut la rétablir.

Dieu pardonne-t-il aussi les péchés que je n'ai pas confessés ?

Dieu pardonne toujours, sans limite. Cela vaut aussi pour les péchés que j'ai oublié de mentionner en confession. Mais si, consciemment, je ne confesse pas un péché, cela veut dire que je ne le regrette pas. Et, sans repentir, Dieu ne peut pas pardonner.

Que dois-je confesser ?

Le sacrement de pénitence concerne tous les péchés, mais il est obligatoire pour les péchés qui ont vraiment détruit ma relation à Dieu.

C'est ce qu'on appelle les « péchés mortels », qu'il faut confesser pour rétablir cette relation avant de pouvoir, par exemple, recevoir l'Eucharistie. Tous les autres péchés sont des « péchés véniels ». On peut et on devrait aussi les confesser, mais l'Église ne l'impose pas.

→ 234
Quand faut-il confesser ses péchés graves ? Doit-on souvent se confesser ?

La confession ne nous donne-t-elle pas carte blanche : « J'irai me confesser après ! » ?
Si on pense cela, cela veut dire qu'on ne s'est pas vraiment confessé. Une confession lors de laquelle je n'ai pas l'intention de m'améliorer n'est pas valable. Comment puis-je alors attendre que Dieu me pardonne ?

→ 233
Quels péchés faut-il confesser ?

Si, quand je pèche, je pense négligemment : *Peu importe, je peux aller me confesser !*, je commets un deuxième péché. C'est abuser de la miséricorde de Dieu.

Pourquoi me confesser si je sais que je vais de nouveau pécher ?

Ceux qui se confessent régulièrement notent aussitôt la date de leur prochaine confession. Je décide fermement : « Je veux éviter les péchés, je veux m'améliorer ! » Mais je sais que je n'y arriverai pas tout de suite. Toutefois, même si je sais que je vais de nouveau pécher, ma confession peut être sincère. Il faut seulement que je saisisse la chance que Dieu me donne de prendre un nouveau départ. Il peut arriver que j'entreprenne dix fois la même chose, sans y arriver, mais la onzième fois sera la bonne.

C'est frustrant de confesser toujours la même chose...

Oui, c'est ce qu'on me dit souvent. Et je réponds : « Vous préféreriez donner au Bon Dieu de la diversité, pécher différemment ? Soyez content de confesser toujours la même chose ! Si vous ne vous confessiez plus parce que vous répétez toujours les mêmes choses, vous auriez un beau jour quelque chose de pire à avouer. Moi aussi, je confesse toujours les mêmes péchés. »

> La plus grande gloire n'est pas de ne jamais tomber, mais de se relever à chaque chute.
> SAINT AUGUSTIN

À quelle fréquence dois-je me confesser ?

Il n'y a pas de règle sur la fréquence des confessions, si ce n'est qu'il faut recevoir le sacrement de pénitence au moins une fois par an. Mais si on prend au sérieux sa vie avec le Seigneur, il est très utile de se confesser plus fréquemment (une vieille règle dit : toutes les quatre semaines).

→ 235

Peut-on se confesser, même quand on n'a pas commis de péché grave ?

Vous avez parlé de « péché mortel ». De quoi s'agit-il exactement ?

Le péché mortel ou péché « grave » est un « non » clair à Dieu, le non-respect d'un commandement sur un point important, avec pleine connaissance et entier consentement.

Autrefois, les péchés mortels étaient l'apostasie, le meurtre et l'adultère. Mais aujourd'hui on peut ajouter : les calomnies graves, la non-assistance à personne en danger de mort, l'avortement, le trafic d'êtres humains, l'exploitation, la privation de conditions matérielles dignes de ce nom, etc. Mais on ne peut parler de péché mortel que quand il y a « pleine connaissance » de la situation.

Quelle est la différence entre péché grave et péché véniel ?
Je vais répondre simplement avec les mots d'un élève de neuf ans : « Quand je n'aime pas du tout Dieu, c'est un péché grave ; quand je ne l'aime pas assez, c'est un péché véniel. » Si tu connais Dieu et que tu lui dis « non », tu es clairement sur la mauvaise voie.

Parlons de sexualité. De nombreux jeunes sont perdus, ils pensent que le sexe avant le mariage est normal, ils veulent essayer, voir s'ils vont bien ensemble...
Le pape Jean-Paul II a dit quelque chose de magnifique : « L'union charnelle et sexuelle est une chose grande et belle... On ne peut pas vivre "à l'essai", on ne peut pas mourir "à l'essai". On ne peut pas aimer "à l'essai", se lier à quelqu'un "à l'essai", pour un temps. »

409 ***Est-ce que la masturbation est une faute contre l'amour ?***

L'Église ne diabolise pas la masturbation, mais elle met en garde pour qu'on ne la minimise pas. Effectivement, beaucoup de jeunes et d'adultes sont menacés de devenir des consommateurs solitaires d'images pornographiques au cinéma ou sur Internet, au lieu de trouver l'amour dans une relation personnelle. La solitude peut amener à une impasse où la masturbation devient comme une addiction. Contrairement au slogan qui dit : « Pour le sexe, je n'ai besoin de personne, je me le fais moi-même quand je veux », personne n'est heureux ainsi.

Imagine que, lors de cet « essai », un enfant soit conçu... Combien de fois ai-je entendu en confession : nous avons dû avorter – c'est-à-dire tuer l'enfant ! Ou alors l'enfant naît, mais le couple ne tient pas, parce qu'ils sont encore trop jeunes ou immatures. Quelle injustice pour ce petit être, cette nouvelle personne qui vient au monde avec le besoin d'être aimée !

→ 408

Que faire pour vivre en chrétien si l'on vit ou si l'on a vécu en cohabitation ?

C'est pour cette raison que l'Église dit : la sexualité est belle, mais elle n'est pleinement vraie que quand vous savez que vous voulez rester ensemble pour toujours. Et si tel est le cas : mariez-vous !

Si je suis engagé dans une relation avant le mariage et que je ne peux rien changer, est-ce que je peux aller me confesser ?
Oui, c'est bon de déposer cela en confession ! On peut dire à Dieu : « Je suis désolé de ne rien pouvoir changer ! » Et réfléchir en toute franchise avec le prêtre pour savoir comment mieux correspondre à la volonté de Dieu. Un prêtre peut t'aider.

Certains disent : « Je n'ai pas besoin des commandements. Ma conscience me suffit, elle me dit ce qui est bien et ce qui est mal... »
Si c'était vrai, il n'y aurait pas de vérité, rien ne serait vrai ni faux. Se réclamant de leur conscience, les uns agiraient d'une certaine façon, et les autres feraient tout le contraire. Un prêtre trouverait mon comportement extra, un autre le trouverait horrible. La conscience est la capacité de discerner le bien et le mal, mais sur la base de règles fixes et de commandements.

« Tu ne dois pas mentir ! » C'est vrai en tout temps et dans tous les cas. Plus profondément, la conscience est la capacité d'appliquer les règles. Si je sais que je ne dois pas mentir, je pourrai repérer les situations du quotidien où je dois appliquer cette règle. Dans la confession, le prêtre m'aide à reconnaître ce qui est vrai.

Comment fonctionne la conscience ?

Prenons un exemple : si un père interdit à ses enfants de courir dans tous les sens, parce qu'ils risquent de casser le précieux vase en porcelaine de Chine, les enfants auront mauvaise conscience s'ils cassent effectivement ce vase. Si le père n'avait rien dit, les enfants n'auraient pas su quelles conséquences pourrait avoir leur comportement. Il en va de même avec la formation de la conscience. C'est comme une vieille balance d'apothicaire, avec deux plateaux : d'un côté, les poids (règles, commandements, paroles bibliques, paroles de Jésus), de l'autre, la réalité concrète. Plus j'ai de poids, plus je peux évaluer la réalité avec précision et reconnaître ce qui est bien ou mal. Tu as déjà lu dans la Bible ces mots de Jésus : « Chaque fois que vous l'avez fait à l'un de ces plus petits de mes frères, c'est à moi que vous l'avez fait. »

→ 297
Peut-on former sa conscience ?

→ Mt 25, 40

Et tu les as compris. Tu ne pourras donc plus passer à côté d'un pauvre sans faire attention à lui. Les paroles de Jésus ont beaucoup de poids.

Que puis-je faire pour que ma conscience ne soit pas trop faussée ?
Il faut rassembler une bonne collection de poids. Et examiner sa conscience régulièrement, le soir. Ce n'est qu'ainsi qu'on peut éviter les situations dangereuses dans lesquelles on agit contre sa conscience.

Il y a une règle qui dit qu'on doit se confesser avant de communier. Dans quels cas est-ce obligatoire ?
La communion est l'union la plus profonde avec le Christ. Il n'y a pas d'union plus intime entre le Christ et chaque chrétien.

Comment une telle union est-elle possible si je dis « non » à Dieu par un péché grave ? La communion serait alors un mensonge. Si quelqu'un a commis un péché qui le coupe de Dieu, il doit donc se confesser avant de communier. Sans quoi, il reçoit la communion de manière indigne.

> Le confessionnal n'est pas une salle de torture. Dieu ne m'attend pas pour me frapper, mais pour m'accueillir avec bonté.
> PAPE FRANÇOIS

Après l'absolution, je reçois encore une « pénitence ». Ça sonne un peu comme une punition…

Oui, le mot « pénitence » est ambigu. Dieu m'a pardonné mes péchés, point final ! Je n'ai pas besoin de me mortifier pour que l'absolution soit valable. C'est pourquoi le prêtre demande le plus souvent de faire une prière en signe de réparation et de reconnaissance envers Dieu. Cela permet d'exprimer non seulement la volonté de réparer les torts, mais aussi la joie de pouvoir commencer une vie toute nouvelle avec le Seigneur.

Petit mémo

LES DIX COMMANDEMENTS

1. Je suis le Seigneur, ton Dieu.
   Tu n'auras pas d'autres dieux que moi.
2. Tu n'invoqueras pas en vain le nom du Seigneur ton Dieu.
3. Tu sanctifieras le jour du Seigneur.
4. Honore ton père et ta mère.
5. Tu ne tueras pas.
6. Tu ne commettras pas d'adultère.
7. Tu ne voleras pas.
8. Tu ne mentiras pas.
9. Tu ne convoiteras pas la femme de ton prochain.
10. Tu ne convoiteras rien de ce qui est à ton prochain.

→ 349

UNE VALEUR SÛRE POUR TA CONSCIENCE

LE DOUBLE COMMANDEMENT de L'AMOUR

→ Mt 22, 37.39

Tu aimeras le Seigneur ton Dieu
de tout ton cœur,
de toute ton âme
et de tout ton esprit.

Tu aimeras ton prochain
comme toi-même.

Crédits photographiques
Martin Buhl p. 73, 81 ; Sylvia Buhl p. 14, 36, 59, 65, 69, 79, 82, 86 ; Peter Christoph Düren p. 16-17 ; Kilian Hasselmann p. 63 ; Alexander von Lengerke p. 72 ; Luc Serafin p. 20, 26 ; Andreas Süß (www.nightfever.org) p. 8 ; ©youmagazin p. 44-45 ; Shutterstock p. 8, 10.

Couverture, mise en page, graphisme et composition :
Alexander von Lengerke, Cologne
www.youcat.org.

Les bénéfices de la vente et les dons permettent à la fondation YOUCAT Foundation, SARL d'utilité publique, de soutenir dans le monde entier des projets de nouvelle évangélisation visant à encourager les jeunes à découvrir que la foi chrétienne peut être le fondement de leur vie. Vous pouvez soutenir le travail de la fondation par vos dons : Deutsche Bank AG, BLZ 720 700 24, Kto.-Nr. : 031 888 100, IBAN : DE13 7207 0024 0031 8881 00, BIC : DEUTDEDB720

Titre original : *Youcat. Update ! Beichten !*
Traduit de l'allemand par sœur Anne-Catherine, FMJ

Imprimé avec autorisation ecclésiastique donnée le 22 novembre 2019 par Mgr Patrick Chauvet, vicaire épiscopal à l'*Imprimatur* de l'archevêque de Paris.

Pour l'édition française :
ISBN : 9782728928354
MDS : MM28354

www.mameeditions.com

Achevé d'imprimer en novembre 2020
par Dimograf (Pologne)
Papier PEFC™ – encres végétales
N°d'édition : 20224-03
Dépôt légal : janvier 2020

PEFC
PEFC/32-31-076
Promouvoir la gestion durable de la forêt
www.pefc-france.org

Ventes en France et francophonie (sauf Canada) : Mame.
Ventes au Canada : Novalis (ISBN : 978-2-89688-793-4).